SECTION V

RESPONSABILITÉ DE L'ÉTAT

en cas de troubles ou d'émeutes à Paris ou à Lyon

RAPPORT DE M. C. CHARRASSE

AU NOM DE LA

Chambre Syndicale des Propriétés Immobilières de la Ville de Lyon

LYON

IMPRIMERIE DU SALUT PUBLIC

71, RUE MOLIÈRE, 71.

1901

VIᵉ Congrès de la Propriété bâtie de France

A NICE

les 11, 12, 13 et 14 Mars 1901

SECTION V

Question posée :

*Responsabilité de l'État en cas de troubles ou d'émeutes
à Paris et à Lyon.*

INTRODUCTION

C'est sur l'initiative de notre Chambre syndicale que cette question a été portée à l'ordre du jour du sixième congrès do la propriété bâtie.

Depuis longtemps les Syndicats de Paris et de Lyon poursuivent une réforme des plus importantes ; depuis longtemps ils demandent aux pouvoirs publics, sans avoir pu encoro obtenir satisfaction, que la Loi municipale du 5 avril 1884, qui met Paris et Lyon hors le droit commun en cas de troubles ou d'émeutes, soit modifiée et complétée dans le sens de la justice et de l'équité.

En effet, si cette loi accorde sa protection aux personnes et aux biens des particuliers dans toutes les communes et dans toutes les villes en général, par contre une exception est faite pour Paris et pour Lyon : dans les deux villes, où cependant la population est la plus nombreuse, où les chances de troubles sont plus grandes, aucune garantie n'existe comme ailleurs en faveur des citoyens lésés ou victimes de dégâts ; aucun recours ne leur est possible ; aucune juridiction ne leur est ouverte.

D'où donc provient une inégalité aussi choquante ? Et quels principes de notre droit public sont donc mis en avant pour infliger un traitement aussi dur et aussi peu rationnel aux seuls habitants de la première et de la deuxième ville de France ?

C'est-ce que nous allons examiner aussi brièvement que possible.

Responsabilité civile des communes en cas de troubles ou d'émeutes.

La responsabilité civile des communes en cas de troubles ou d'émeutes, réglée aujourd'hui par les articles 106, 107, 108 et 109 de la loi du 5 avril 1884 (1), n'est pas un principe nouveau dans notre législation où il a subi des phases bien diverses. Il existait dans notre ancien droit (2) ; mais, sans remonter si haut rappelons seulement que la loi du 10 vendémiaire an IV (2 octobre 1795), l'avait appliqué au moyen de dispositions d'une rigueur excessive que la loi de 1884 a atténuées ou fait diparaître.

Mais il est important de le faire observer, la Loi de vendémiaire ne faisait d'exception pour aucune commune ; et il ne fallut pas moins de quatre arrêts successifs de la Cour de Cassation, dont les trois derniers rendus toutes Chambres réunies, pour fixer la jurisprudence en ce qui concerne Paris (Cass. 4 avril 1836, 3 février 1838, 8 février 1839 et 15 mai 1841). La Cour suprême décida que la ville de Paris, siège

---

(1) Voir le texte de ces articles *in fine* annexe.

(2) Nous ne mentionnerons, à titre d'exemple, qu'une ordonnance de Louis XIV, rendue en 1697 et portant que les seigneurs féodaux étaient responsables des désordres qui avaient lieu dans leurs fiefs, et que ceux qui étaient chargés de poursuivre les délits commis dans l'étendue de leur juridiction étaient punis de leur négligence.

du Gouvernement et régie par une administration particulière différente de l'organisation des autres communes, se trouvait hors des conditions ordinaires constituant la base de la responsabilité imposée aux communes par la Loi de vendémiaire.

La Cour suprême persista dans cette jurisprudence ; nous citerons notamment un arrêt rendu le 4 mai 1881, c'est-à-dire peu d'années avant l'abrogation de la Loi de vendémiaire ; à noter que les conclusions de M. l'avocat général Desjardins avait été nettement dans un sens contraire (D. P. 1881. I. 471).

Mais, d'autre part, la Cour de cassation s'était montrée plus rigoureuse à l'égard de la ville de Lyon. Il nous suffira de mentionner un arrêt de 1869 par lequel elle décidait que la Loi de vendémiaire était applicable à la dite ville, bien que la police y fût excercée par les agents du pouvoir central (Req. 10 août 1869, D. P. 1870, I. 193).

Aujourd'hui la question est définitivement tranchée : le législateur de 1884 a étendu aux communes qui ne disposent pas de la police locale ni de la force armée une exception que la jurisprudence avait établie en faveur de Paris seulement.

C'est le cas des villes de Paris et de Lyon.

Cette solution est conforme à l'équité : les communes dans lesquelles la police est exercée par le Préfet, représentant du Gouvernement, ne peuvent évidemment être tenues de répondre des troubles qu'elles n'ont pas les moyens de prévenir ou d'empêcher.

Mais à Paris et à Lyon, où le pouvoir central a en mains la direction des mesures de répression qui partout ailleurs appartient aux autorités locales, l'Etat est-il civilement responsable ?

De l'irresponsabilité actuelle de l'Etat
en cas de troubles, à Paris et à Lyon.

Il semble qu'il devrait en être ainsi, attendu qu'à la différence des magistrats municipaux l'Etat dispose des moyens les plus puissants pour assurer le maintien de l'ordre et de la paix publique et qu'il commet, par conséquent, une faute dont il doit répondre, lorsqu'il manque, pour une raison ou pour une autre, au devoir de protection qui lui incombe.

Ce devrait donc être à lui, comme le disait la Chambre syndicale de Paris en 1899, de réparer le préjudice souffert par les habitants des villes où la police générale est entre ses mains et pour l'entretien de laquelle il perçoit des impôts de jour en jour plus onéreux.

Ce ne serait pas seulement équitable, ce serait rationnel et logique.

Malheureusement pour les intéressés, la situation est tout autre. Jusqu'à présent le législateur n'a pas édicté de responsabilité pécuniaire à l'égard de l'Etat.

En vain, lorsque le Sénat a eu à délibérer sur le projet de loi de 1884, un savant jurisconsulte, M. Batbie, a-t-il montré que le projet, aussi bien que la Loi de vendémiaire, manquait de logique en appesantissant ses sévérités sur les communes, alors que rien n'était proposé et que rien n'avait été fait en ce qui concernait l'Etat, le département ou autres personnes morales qui pouvaient être en faute.

C'est en vain qu'un autre sénateur, M. de Lareinty, invoquant l'unité de garanties dues au droit de propriété sur le sol français, présenta un amendement tendant à déclarer l'Etat responsable dans les villes où il conserve la disposition de la police.

Cet amendement fut combattu par M. Waldeck-Rousseau, alors Ministre de l'intérieur, comme aujourd'hui. Le Ministre ajouta d'ailleurs que l'organisation municipale de la ville de Paris n'étant pas encore en discussion, il était juste de réserver la question.

De son côté, M. Demole, rapporteur, répondit que la Commission ne pouvait accepter la proposition de M. de Lareinty, car on ne peut introduire dans une loi municipale des dispositions relatives à la responsabilité de l'Etat.

Des conséquenses de l'irresponsabilité de l'Etat pour les victimes de troubles à Paris et à Lyon.— Des secours accordés aux intéressés.

Il faut l'ajouter, si le législateur n'a rien fait encore pour combler une lacune des plus regrettables, de son côté le Gouvernement, toutes les fois qu'il a été saisi des réclamations des particuliers, n'a jamais manqué de se retrancher derrière l'irresponsabilité de l'Etat. — Sa réponse aux victimes de faits insurrectionnels a toujours été invariablement la même : il ne doit aucune indemnité, il n'est tenu à rien. Ce serait l'application de ce principe de notre droit public que la responsabilité civile des délits et quasi-délits, édictée par les articles 1382 et suivants du Code civil, n'est pas applicable à l'Etat, lorsque celui-ci intervient comme puissance publique. Sa responsabilité ne peut être régie par les principes établis dans le Code civil pour les rapports de particulier à particulier ; elle n'est ni générale ni absolue ; elle a ses règles spéciales qui varient suivant la nécessité de concilier les droits de l'Etat avec les droits privés ; et, dans l'espèce, dans le cas d'émeutes, l'Etat ne peut pas plus être responsable pécuniairement qu'il ne l'est dans les autres cas où il agit dans sa pleine et entière souveraineté. — S'il veut bien venir en aide aux victimes des dégâts, il le fait de son plein gré, à titre de secours seulement et dans la mesure qu'il lui plait, pour des motifs d'équité et aussi pour des raisons de convenances politiques qu'il est toujours libre d'apprécier.

Il y a longtemps que les habitants des deux premières villes de France sont victimes de ce principe qui a constamment guidé le pouvoir central sous les différents régimes qui se sont succédé.

Sous la Monarchie de Juillet notamment, le Gouvernement ne manqua pas de s'en prévaloir. On sait qu'il fut souvent le témoin de troubles d'une gravité exceptionnelle qui ensanglantèrent Paris et Lyon. En 1834, après l'insurrection qui éclata dans cette dernière ville, un projet de loi fut porté

devant la Chambre des députés, tendant à l'allocation de secours pour la réparation des dégâts occasionnés par les
émeutes.

Le projet de loi fut d'ailleurs repoussé.

Ce même principe fut rappelé en 1871, 1872, 1873, après
les cruels événements de la Guerre et de la Commune. On sait
qu'une loi du 7 avril 1873 alloua à la ville de Paris une
somme de 140.000.000, en partie destinée à la réparation
des dommages causés par l'insurrection du 18 mars. « Il ne
s'agit pas d'une dette, disait M. Thiers, alors chef du pouvoir
exécutif, il s'agit d'un acte de bienfaisance et de générosité
nationale. »

Que l'on consulte enfin le rapport de M. Henry Boucher,
député, présenté en 1895, au nom de la Commission du Budget
chargée d'examiner la proposition du Gouvernement, relative
à l'ouverture d'un crédit de 350.000 francs pour secours aux
victimes de l'attentat du restaurant Foyot, en juillet 1873, et
des troubles de Lyon en juin 1894, l'on y verra cette même
idée de l'irresponsabilité de l'Etat, rappelée et développée
avec une minutie, avec un luxe de précautions vraiment ex-
traordinaire !

Il ne faut pas créer un précédent fâcheux ; il faut qu'on
sache bien qu'alors que les victimes des troubles de Lyon
réclament du Gouvernement une *indemnité* complète, on ne
leur alloue qu'un *secours* tout volontaire, nous allions dire
une aumône. La responsabilité de l'Etat n'est pas en jeu, elle
n'est pas même discutable ; c'est le Gouvernement, c'est le
Parlement qui sont les seuls juges de ce qu'il y a lieu de faire ;
en principe, on n'accorde des allocations qu'aux personnes
vraiment intéressantes par leur position, et on le fait dans
la mesure des ressources du Budget.

Nous ne signalerons qu'en passant la réduction considérable
apportée par la Commission au chiffre du secours proposé en
faveur des victimes de l'explosion du restaurant Foyot ; il
s'agissait, en effet, d'un attentat isolé, d'un crime de droit commun, ne tombant nullement sous l'application de la loi de 1884
qui ne vise que « les délits commis par attroupements ».

Mais qu'il nous soit permis de nous étendre quelque peu sur la situation qui a été faite aux malheureuses victimes des troubles qui suivirent l'assassinat du regretté président Carnot à Lyon.

Les demandes d'indemnités présentées par 314 personnes, soit 143 Français, 161 Italiens et 10 Suisses se sont élevées à plusieurs millions.

Nous ne prétendons pas que toutes ces demandes fussent justifiées quant au fond et quant au chiffre de l'indemnité réclamée. Mais ce que nous savons, d'après le rapport même de M. Henry Boucher et aussi d'après la discussion assez longue qui eut lieu à la Chambre, c'est que l'on n'a « secouru » que les gens se trouvant dans une situation qui méritait de l'intérêt (1) ; et ce sur le vu des propositions et des enquêtes du Préfet du Rhône ; que les 309.358 francs qui furent alloués ne représentaient qu'une minime partie des pertes subies ; que nombre de citoyens lésés, propriétaires, locataires ou commerçants, n'ont rien reçu ou n'ont reçu que des sommes dérisoires.

De la déclaration faite à la tribune par M. Clapot, alors député du Rhône, il ressort que le montant des pertes réelles dont ont été victimes les Lyonnais, ne s'élevait pas, en effet, à moins de 1.400.000 francs. Il en avait les preuves en main, disait-il.

Aussi les députés du Rhône crurent-ils devoir proposer un amendement élevant le total des secours à 700.000 francs. Cet amendement fut, du reste, repoussé à une très forte majorité.

Bref, les citoyens lyonnais privés de tout recours devant les tribunaux, n'obtinrent rien ou presque rien ; et encore pour bien affirmer le principe de la non-responsabilité de l'Etat, a-t-on pris soin d'inscrire l'allocution votée au chapitre ayant pour titre : *Subventions à des institutions de bienfaisance et secours d'extrême urgence.* — Cette rubrique se recom-

---

(1) C'est seulement ceux qui ont pu être troublés dans leur existence par les pertes qu'ils ont subies qui peuvent réclamer le secours de l'Etat en pareille matière. (Discours de M. Henry Boucher.)

mande d'elle-même à l'attention de tous ceux qui s'intéressent à la question !

Ainsi donc, en l'état actuel de notre législation et des principes généraux de notre droit public, l'Etat a toujours décliné et décline toujours toute responsabilité en ce qui concerne les dommages provenant des émeutes, soit à Paris, soit à Lyon. — En pareille circonstance, il se borne à accorder exceptionnellement des secours suivant son bon plaisir et celui des Chambres, auxquelles il demande, quand il le juge à propos, pour chaque cas particulier, des ouvertures de crédit ; et l'on confie le soin d'évaluer les pertes et d'arbitrer les allocations à répartir, au même agent supérieur du pouvoir central qui a précisément le devoir, la charge et les moyens de maintenir l'ordre et d'empêcher que les dégâts ne soient commis.

De la possibilité et de la nécessité d'obtenir une réforme radicale en faveur des habitants de Paris et de Lyon.

Un régime d'exception, où l'arbitraire tient une si large place, appelle une réforme profonde.

Est-il admissible qu'en France une certaine catégorie de citoyens, par cela seul qu'ils appartiennent à deux villes déterminées, n'aient d'autre garantie, quand ils sont victimes d'émeutes, que la responsabilité morale et politique du Gouvernement devant les Chambres ? — garantie bien précaire et bien insuffisante, comme l'a fait remarquer M. Fleury-Ravarin, député du Rhône (1).

Qu'il y ait sur le territoire français des zones d'irresponsabilité, suivant le mot du même député, qu'il y ait des régions où la propriété ne jouisse pas du droit commun, où elle ne bénéficie pas de la protection que, partout ailleurs, on accorde à la généralité des citoyens, n'est-ce pas là une anomalie étrange et choquante ? N'est-ce pas une violation flagrante de l'une des règles fondamentales de notre droit public depuis la

____

(1) Dans sa proposition de loi déposée le 2 juillet 1895.

Déclaration des droits de l'homme, l'égalité de tous les citoyens devant la loi ?

Et c'est dans les deux plus importantes villes de France, dans celles précisément qui sont le plus exposées aux mouvements insurrectionnels, que les citoyens ne peuvent obtenir de juges ni avoir réparation de dommages qui, partout ailleurs en France, leur ouvriraient un droit incontestable à une indemnité complète devant les tribunaux !

Et, il ne faut pas l'oublier, cette absence de garantie se présente là où les charges publiques sont les plus lourdes.

Dans son adresse aux Français sur la contribution patriotique, Mirabeau ne disait-il pas, au nom de l'Assemblée constituante, que « l'impôt doit être considéré comme une sorte de « dédommagement, comme le prix des avantages que la « Société procure aux citoyens » ? Ne disait-il pas que « l'impôt « est une avance pour obtenir la protection de l'ordre social » ?

Et s'il en est ainsi, si l'impôt est fait pour procurer aux citoyens la sécurité, la protection de leurs biens comme de leurs personnes, la situation exceptionnelle infligée aux seuls habitants de Paris et de Lyon, est-elle admissible, est-elle plus longtemps tolérable ?

« En droit, comme l'a si bien dit M. Fleury-Ravarin, député « du Rhône, le système actuel constitue une véritable incohé-« rence. L'Etat est investi de la plénitude des pouvoirs de « police, et c'est par une sorte de délégation qu'il en remet « l'exercice partiel aux municipalités ! Comment justifier, dès « lors, qu'il soumette l'exercice du pouvoir de police par les « communes à une responsabilité civile, et que lui-même il se « dérobe lorsqu'il conserve le pouvoir en ses mains, comme « cela a lieu à Paris, à Lyon et dans les communes subur-« baines ? Le savant professeur de droit administratif, le « sénateur Batbie, exprimait cette idée avec beaucoup de « force, lors de la discussion de la loi municipale, lorsqu'il « disait : Je ne comprends pas bien comment, lorsque le « pouvoir central délègue à un maire le droit, le pouvoir de « dissiper les attroupements, il le déclare responsable, s'il « commet la faute de ne pas user de ce droit et de ce pouvoir,

« et, d'autre part, quand lui, l'Etat, retient ce pouvoir, comme
« il le fait notamment à l'égard de la ville de Paris et d'autres
« villes où l'autorité municipale n'a pas le pouvoir de police
« et la disposition de la force armée, comment il pourra
« s'exonérer de cette même responsabilité. Je ne comprends
« pas ce déléguant disant à son délégué : Vous serez chargé
« de dissiper les attroupements, de veiller à l'ordre public ;
« mais si vous le faites avec le peu de ressources dont vous
« disposez, vous serez responsable ; mais moi, déléguant, si
« je ne le fais pas avec les grandes ressources que j'ai sous la
« main, je ne serai pas responsable.

« Ou bien on admet, disait encore avec beaucoup de logique
M. Fleury-Ravarin, que l'idée de la puissance publique est
« absolument incompatible avec toute idée de responsabilité
« civile, et alors il n'y a pas lieu de faire la distinction actuelle
« en imposant aux communes une responsabilité que l'Etat
« n'encourt pas ; ou bien on impose aux communes la respon-
« sabilité civile, et, par les mêmes motifs, il faut l'étendre à
« l'Etat lorsqu'il exerce lui-même, par ses agents directs, les
« pouvoirs de police. Il est impossible de sortir de ce
« dilemme ».

Nous devons l'ajouter, le principe de l'irresponsabilité de
l'Etat considéré comme puissance publique n'est pas un bloc
aussi intangible qu'on a l'air de le proclamer.

Cette irresponsabilité existe, disait M. Laferrière, dans son
traité de la Jurisprudence administrative (t. 2, 173) « quand la
« fonction de l'Etat confine à la souveraineté ; c'est pourquoi
« ni les actes législatifs, ni les actes de gouvernement, ni les
« faits de guerre, ne peuvent donner lieu à une action en
« responsabilité contre l'Etat, quelles que soient les fautes
« imputées à ses représentants ». Et M. Laferrière ajoutait :
« *Il en est de même des erreurs judiciaires, car l'admi-*
« *nistration de la justice est, elle aussi, une manifestation*
« *de la souveraineté* ».

Et cependant est-ce que ce dernier principe n'a pas fini par
fléchir devant le mouvement d'opinion en faveur des inno-
centes victimes de l'erreur du juge ?

Est-ce qu'une loi bien connue, depuis longtemps réclamée, celle du 8 juin 1895 sur la réparation des erreurs judiciaires n'est pas venue proclamer, en cas de revision d'un procès criminel ou correctionnel, la *responsabilité* pécuniaire de l'Etat ?

Bien plus grave que celle que nous sollicitons est la dérogation apportée par cette loi au principe de l'irresponsabilité de l'Etat considéré dans sa souveraineté, et cependant le législateur n'a pas craint d'en faire une règle nouvelle.

Ce que nous demandons est afférent d'ailleurs à une matière spéciale, dans laquelle la responsabilité civile déjà imposée aux communes apparaît comme le corollaire intime de la disposition de la force armée et de la police, en cas d'émeutes ; cette responsabilité doit donc incomber à l'Etat comme aux communes, puisqu'il s'agit de faits de même nature, de délits d'insurrection.

Des propositions de loi présentées au Parlement depuis 1895.

Comme nous le disions au début de ce rapport, une modification de la loi s'impose donc dans le sens de la justice et de l'équité ; depuis longtemps elle est réclamée par les trois ou quatre millions de Français auxquels une lacune regrettable de notre législation a fait une situation des plus dangereuses ; depuis longtemps les Syndicats de Paris et de Lyon, qui ont les premiers donné l'exemple, ont mené une vive campagne dans ce sens, et c'est avec la plus vive satisfaction que nous avons pu voir les corps élus de ces villes se joindre au mouvement.

A différentes reprises, le Conseil municial de Lyon a exprimé « avec une énergie toujours croissante, le vœu que ses conci- « toyens soient soustraits au péril incessant qui les menace « et dont ils ont fait une trop dure expérience (1) ».

---

(1) M. Gourju. — Proposition de loi.

Le Conseil général du Rhône a, de son côté, voté une motion analogue (séance du 22 septembre 1899).

A Paris, le Conseil municipal a également manifesté son ardent désir de voir remédier sans retard à un état de choses si préjudiciable pour la capitale et pour ses habitants.

Jusqu'à présent, le Gouvernement n'a donné aucune suite à ces divers vœux, quelques légitimes qu'ils fussent.

Nous devons le dire, nous avons été plus heureux du côté de l'initiative parlementaire. Mais les efforts de nos députés ou de nos sénateurs n'ont pas encore pu aboutir.

Dès le 2 juillet 1895, cependant, une proposition de loi était déposée à la Chambre par M. Fleury-Ravarin et plusieurs de ses collègues du Rhône et de la Seine. Malheureusement ce n'est qu'à la date du 4 février 1898 qu'elle fut enfin prise en considération. Puis est arrivée la fin de la législature et les choses en sont restées là.

Plus récemment, M. Gourju, sénateur du Rhône, a porté la question devant la Haute Assemblée. — La proposition de loi qu'il a déposée le 26 mars 1900 a été prise en considération par le Sénat à la date du 25 mai suivant. Elle a été soumise à l'examen d'une Commission spéciale qui n'a pas encore déposé son rapport. Nous pouvons l'ajouter, les Membres de la Commission sont, croyons nous, à l'exception de son président, tous favorables à la solution réclamée.

Cette question de justice et d'équité, depuis longtemps posée devant les Chambres aussi bien que devant l'opinion publique, demande à être réglée législativement dans un délai aussi rapproché que possible, et sans attendre le retour d'accidents qni viendraient faire regretter une fois de plus les lacunes actuelles de la loi ; et, si nous en avons saisi le sixième Congrès de la propriété bâtie, c'est précisément en raison du caractère d'urgence que présente la réforme à obtenir, c'est que nous avons besoin d'être énergiquement appuyés auprès du Parlement par l'Assemblée plénière de nos Chambres syndicales.

Il était bon, il était indispensable, avons-nous cru, de vous faire juges de l'état de choses dont les habitants de Paris et de Lyon n'ont que trop souffert déjà et qui ne saurait être maintenu plus longtemps ; il suffira de vous le signaler, pour que vous n'hésitiez pas — nous ne pouvons en douter — à vous associer aux justes et légitimes revendications des Syndicats de Paris et de Lyon.

Votre concours nous sera d'autant plus précieux que nos Congrès annuels ont acquis une autorité qui va grandissant tous les jours et qu'ils empruntent tant au nombre toujours croissant des propriétaires qui se syndiquent dans les différentes villes de France, qu'à l'esprit de justice et d'équité qui inspire constamment vos délibérations.

Dans l'œuvre de sauvegarde mutuelle et de préservation sociale que nous poursuivons en commun, il n'est peut-être pas de question d'un plus haut intérêt que celle dont nous avons l'honneur de vous entretenir aujourd'hui.

Nous la présentons donc à votre examen avec la plus entière confiance, mais avant de vous proposer de lui donner la sanction qu'elle comporte devant vous, et de soumettre à votre ratification le vœu qui doit être la conclusion de ce rapport, qu'il nous soit permis de présenter de courtes considérations ; ce seront les dernières.

Dans sa proposition de loi, M. Fleury-Ravarin avait demandé que les demandes à fin d'indemnité contre l'Etat ou les communes, fussent portées devant le Conseil d'Etat, avec dispense du ministère d'avocat, ainsi que des frais de timbre et d'enregistrement.

M. Gourju, au contraire, ne dit pas un mot de la juridiction chargée de statuer. Il faut donc en conclure qu'il entend ne rien innover et qu'il est d'avis de confier les actions contre l'Etat aux tribunaux civils auxquels appartient déjà la connaissance des demandes contre les communes.

M. Fleury-Ravarin appuyait sa proposition sur le principe de la séparation des pouvoirs, et certainement la question sera de nouveau soulevée lorsque la loi viendra en discussion devant les Chambres.

Il est donc nécessaire qu'elle soit examinée à l'avance, et nous proposons au Congrès de vouloir bien demander que cette étude soit confiée à l'Union de nos Chambres syndicales, qui a su s'entourer de jurisconsultes d'une si grande valeur, et à la tête desquels nous sommes heureux de saluer son éminent Président, dont la rare compétence n'a d'égal qu'un dévouement sans bornes à la cause de la propriété bâtie.

Mieux que nous, l'Union pourra dire s'il n'y aurait pas les plus graves inconvénients à donner juridiction au Conseil d'Etat, dans des questions de dégâts ou dommages résultant des crimes ou délits commis en cas de troubles ou d'émeutes, soit envers les personnes, soit contre les propriétés publiques ou privées.

Il nous semble difficile d'abandonner la connaissance d'actions, d'une grande importance le plus souvent, à un juge unique, statuant sans appel possible et pouvant d'ailleurs être influencé par des considérations politiques ou autres, c'est-à-dire étrangères à l'esprit de la justice.

Nous avons besoin de garanties tout autres ; l'autorité judiciaire est la gardienne naturelle des intérêts et des droits de la propriété privée qui est placée sous sa sauvegarde, et. du moment qu'elle est investie déjà du pouvoir de juger les actions contre les communes, elle devrait le conserver dans les cas où la responsabilité de l'Eat sera substituée à celle de la commune.

CONCLUSION

En résumé, le Congrès le voit, il s'agit d'une question de justice et d'équité, d'une réforme des plus urgentes sur laquelle nous ne pouvons manquer d'être unanimes, puisqu'elle intéresse à un si haut degré tous les habitants en général des villes de Paris et de Lyon.

Nous avons, en conséquence, l'honneur de soumettre le projet de vœu suivant à votre adoption :

Le Congrès,

Vivement impressionné par l'exposé qui précède,

Considérant que les citoyens des deux plus grandes villes de France ne peuvent rester plus longtemps soumis à l'état de choses dangereux et injuste qui leur est infligé par la loi du 5 avril 1884,

Et adoptant, au surplus et pleinement les motifs développés dans le rapport qui lui a été soumis,

Déclare s'associer énergiquement aux revendications des Chambres syndicales de propriétaires des deux villes mises hors le droit commun, et

EMET LE VŒU

Qu'une loi intervienne sans retard pour édicter, en cas de trouble ou d'émeute, *la responsabilité civile de l'Etat* dans les villes de Paris et de Lyon et « leurs agglomérations » où la municipalité n'a pas la disposition de la police locale et de la force armée.

L'Union des Chambres syndicales des propriétés bâties de France est spécialement priée de vouloir bien procéder à toutes études préalables et de faire d'urgence toutes démarches nécessaires auprès des pouvoirs publics.

Lyon, le 25 février 1901.

Le Rapporteur,
E. CHARRASSE.

Approuvé par la Chambre syndicale des propriétés immobilières de la Ville de Lyon et de sa banlieue. (Séance du 27 février 1901).

ANNEXE

RESPONSABILITÉ CIVILE DES COMMUNES

En cas de troubles ou d'émeutes.

Loi du 5 Avril 1884, sur l'organisation municipale

Articles 106, 107, 108 et 109.

ARTICLE 106. — Les communes sont civilement responsables des dégâts et dommages résultant des crimes ou délits commis à force ouverte ou par violence sur leur territoire, par des attroupements ou rassemblements armés ou non armés, soit envers les personnes, soit contre les propriétés publiques ou privées. Les dommages-intérêts dont la commune est responsable sont répartis entre tous les habitants domiciliés dans ladite commune, en vertu d'un rôle spécial comprenant les quatre contributions directes.

ARTICLE 107. — Si les attroupements ou rassemblements ont été formés d'habitants de plusieurs communes, chacune d'elles est responsable des dégâts et dommages causés, dans la proportion qui sera fixée par les tribunaux.

ARTICLE 108. — Les dispositions des articles 106 et 107 ne sont pas applicables :

1º lorsque la commune peut prouver que toutes les mesures qui étaient en son pouvoir ont été prises à l'effet de prévenir les attroupements ou rassemblements, et d'en faire connaître les auteurs ;

2º *dans les communes ou la municipalité n'a pas la disposition de la police locale ni de la force armée ;*

3º lorsque les dommages causés sont le résultat d'un fait de guerre.

ARTICLE 109. — La commune déclarée responsable peut exercer son recours contre les auteurs et complices du désordre.

35.010. — Imprimerie et lithographie du *Salut Public*, 71, rue Molière, Lyon.